taupe & mulot

Atteindre les sommets

Henri Meunier
& **Benjamin Chaud**
colorisation par Nadège Imbert Cousinié

hélium

Monter dans les grands pins

— Je me demande quel pipit lunaire a bien pu baptiser les vents ? Que cette douce caresse porte le nom cassant de « brise » quand on nomme « bise » le vent glacé de l'hiver, c'est à n'y rien comprendre ! soupire rêveusement Taupe.

— Accueille la bise de cette brise, sourit Mulot, et profite sans question de cette admirable vue sur les collines.

— Pardon de te bousculer avec une question de plus, mon ami. Une allergie aux yeux m'empêche d'y voir plus loin que ce sommet qui ressemble vaguement à un Thermos. Que vois-tu au-delà des collines ? demande Taupe.

— D'autres collines, je suppose. Mais à dire vrai, je n'en sais rien. D'ici, on ne devine rien de plus que le ciel. Le ciel et ses mystères, philosophe Mulot.

— Le ciel n'y perdra rien en mystère, mais pour ce qui est du paysage, nous serons vite fixés. Viens, Mulot, escaladons les grands pins derrière nous. De leur sommet, nous aurons un sacré panorama.

— Monter dans les grands pins ! Es-tu fou, Taupe ? Ils sont sans fin, s'effraie Mulot.

— Justement ! Imagine la vue que nous aurons de là-haut ! insiste Taupe.

— Sans façon, merci ! Je suis sujet au vertige, tu le sais. Plutôt que de me briser le cou, je préfère inventer l'horizon.

— Allons, Mulot : vaincre ses peurs, vivre des vertiges, c'est le sel de l'existence ! argumente Taupe. Le frisson et le jeu, ami, quoi d'autre ?

— J'aime, moi, avoir les deux pieds plantés dans le sol et la tête dans les nuages, implore Mulot. Tu risques l'inverse avec ton imprudente grimpette. J'ai un Thermos de verveine, en veux-tu ?

— Garde ta verveine au chaud, je reviens dans une minute. Je te raconterai ce que l'on voit d'en haut.

— Avec ton allergie aux yeux ?

— L'essence de pin fait des miracles. Fais-moi plutôt la courte échelle, que j'atteigne la première branche, tranche Taupe.

— Aïe. Outch. À dix centimètres au-dessus de ta jambe gauche, la branche semble plus solide. Lève le bras droit et tu trouveras pour tes mains une prise parfaite ! glapit Mulot en se protégeant au mieux des chutes de pommes de pin.

— Ha ha. Escalader les arbres, quel plaisir ! Tu devrais me rejoindre, s'amuse Taupe.

— Attention, la voie que tu empruntes est sans issue. Redescends de deux branches et pars vers la droite, continue Mulot.

— Sans issue. Tu plaisantes ? Admire l'athlète !

— Outch ! Ne t'appuie pas sur cette brindille, l'athlète ! Elle cassera à coup sûr.

— Le tronc devient petit, encore quelques mètres et j'y serai ! s'enflamme Taupe en cherchant de la patte une branche sur laquelle progresser.

— Tu es au sommet, casse-cou ! À moins de grimper sur le dos d'un oiseau, tu n'iras pas plus haut ! s'égosille Mulot.

— Oooooooh ! C'est incroyable. Mulot, tu ne devineras jamais ce que l'on voit d'ici !

— Tu me fais peur, Taupe. Descends prudemment pour me raconter. Je te guide pour le retour !

— Je n'ai pas besoin d'instructions pour redescendre. J'ai parfaitement en tête la montée que tu m'as indiquée. Je vais faire route à rebours.

— Tu as vu, je suis tombé sur le chapeau de paille qui avait disparu en mars dernier. Je ne sais pas quel vent malicieux, brise, bise ou ouragan, l'a déposé là, mais c'est un miracle de l'avoir retrouvé.

— Le miracle, c'est que tu sois vivant !

— Le miracle, c'est ce que j'ai vu, Mulot ! Quelle splendeur. Sais-tu ce qu'il y a au-delà des collines ?

— D'autres collines, je parie !

— Que nenni ! La mer, Mulot. La mer ! Nous vivons à quelques kilomètres de l'océan et nous l'ignorions. De là-haut, on le voit. On le sent parfaitement. J'ai encore sur la langue la saveur de l'iode et les senteurs d'algues. Absolument magique ! J'ai bien envie d'y retourner. Viens avec moi cette fois !

— Jamais ! tonne Mulot, filant à toutes jambes.

— Attention, Mulot, ne cours pas. Le sentier est ardu. Il regorge de trous, de pierres saillantes et de racines où tu pourrais bien…

— Aaaaahhhh… !

— Mulot ! Mulot ! Ça va, petit imprudent ? Combien de fois t'ai-je dit de toujours regarder où tu poses le pied, comme je le fais moi-même ?

— Aïe aïe aïe ! Cesse donc de plaisanter, Taupe. Je crois bien que je me suis cassé la jambe.

— Mon pauvre Mulot, quelle injustice ! Tu avais renoncé à la périlleuse ascension des pins et c'est toi qui te blesses.

— Aïe, outch. Oui, la vie se moque des équilibres trop sages, Taupe. C'est ainsi. En matière de vertige, en voilà un fameux ! Mais au risque de t'étonner, ce vertige terre à terre est parfaitement à mon goût !

Vertige à demeure !

— Tu sais, Mulot, ce plâtre te sied à merveille. Mais n'est-ce pas la jambe gauche qui est cassée ?

— Si !

— Alors pourquoi as-tu plâtré la droite, Belette ? s'étonne Taupe.

— Pour qu'elle ne soit pas jalouse de la gauche, gros malin, ironise Belette. Et fais attention avec ce vase, tu sais que Mulot y tient beaucoup.

— Ce vase, quel vase ?

— Taupe, s'il te plaît, m'aiderais-tu à porter Mulot dans cette chaise roulante ? demande Lérot.

— Il est splendide, ce fauteuil, Lérot. Merci ! Tu es une bricoleuse de génie. J'ai hâte de l'essayer.

— Ne perdons pas une minute, s'enthousiasme Taupe. Hop, c'est parti pour la grande aventure ! Allons-nous balader, le grand air te fera du bien !

— Doucement, mon ami, doucement, je suis encore un peu…

— Taupe, attention ! Le seuil de la porte ! prévient Belette.

— Outch ! gémit Mulot. Vas-y doucement, s'il te plaît, les petits cahots sont une torture.

— Pour la grande aventure, il est encore un peu tôt, Taupe. Restons tranquilles aujourd'hui, tu veux bien ? propose Mulot.

— C'est plus sage, en effet, appuie Belette. J'ai réactualisé l'album de mes mille plus beaux autoportraits, vous voulez le voir ?

— Si tu préfères rester à la maison, d'accord, Mulot. Bien sûr. Mais pas question de faner au coin du feu ! Tiens-toi prêt pour une grande aventure domestique ! lance Taupe qui s'échappe aussitôt.

— Où diable ranges-tu tes planches ? Dans l'atelier ? décoche Taupe en passant devant la fenêtre.

— Que dirais-tu d'une partie de Scarabée ? tente Mulot.

— Ton râteau a disparu ! Je vais chercher le mien ! annonce Taupe en traversant le salon comme une tornade cinq minutes plus tard.

— Un peu de lecture au coin du feu ? J'ai acheté le dernier prix Renardot. Il paraît que c'est un chef-d'œuvre…

— Tu n'aurais pas vu le vieux rouleau de moquette rouge dont nous nous servons l'été pour notre théâtre en plein air ? Il est au grenier ? se renseigne Taupe.

— Oui. Tout près des puzzles. Tu descends le mille pièces et on s'y attelle ? Il est captivant ! le prie Mulot.

— Belette, recommence le balayage de la cour et sois plus méticuleuse, s'il te plaît. Je me suis pris les pieds dans un brin de paille non loin du tilleul ! gronde Taupe.

— Ta remise est un indescriptible capharnaüm. Trouver ta table de jardin m'a donné un mal de chien. Je te tenais pour un garçon ordonné, mais tu mènes une vie de bâton de chaise, mon ami ! s'amuse Taupe.

— Une partie de Crapaudine ? Nous sommes trois et il faut être quatre pour y jouer... hasarde encore Mulot.

— Vous n'êtes plus que deux : Lérot est subitement prise d'une irrésistible envie de courir chercher un jeu de poulies chez elle. N'est-ce pas, Lérot ?

— Belette et Lérot, vous fûtes parfaites ! Grand merci et à demain ! s'enivre Taupe. Une vertigineuse aventure À DOMICILE commence pour Mulot et moi.

Dans quelques secondes, « La fenêtre de l'angoisse » ! Après ce défi, nous échouerons dans « Le potager de la dernière chance ». Sois courageux ! À propos de potager, t'ai-je déjà raconté *L'Histoire du chevalier Poireau* ? Non ? Tu vas voir cela, elle n'est pas piquée des hannetons !

— Ainsi se termine l'épopée du chevalier Poireau. Mais à deux tours de roue, au pied du tilleul, un râteau fourbu ronfle. Sais-tu pourquoi il se repose ? Non ! Ha ha, écoute, je vais te chanter *La Fable du râteau raté et du vélo velu*. La conclusion te plaira.

— Je ne ressens plus le moindre petit vertige, Taupe. C'est fabuleux ! s'émerveille Mulot.

— Tu vois ? Quand tu seras remis, nous escaladerons les grands pins.

— Ah non ! Il ne faut rien exagérer. Les grands pins sont immenses ! Je n'oserai jamais.

— Prendre le risque d'aller trop haut, Mulot, c'est découvrir jusqu'où l'on est capable de monter ! Et crois-moi, tous, nous sommes capables d'atteindre des sommets que nous ne soupçonnons pas.

Sol fa **scie** la **scie** do

— Vous êtes superbes, mes amis !

— N'est-ce pas ? acquiesce Taupe. Je te présente le Gang des Caribous. Pour égayer notre service annuel de bois, nous nous sommes déguisés en bûcherons canadiens. J'ai fourni les chemises à carreaux et les toques en poils de castor.

— Il ne vous manque que la barbe ! apprécie Mulot.

— Étant donné ta patte cassée, pour une fois, nous accomplirons la coupe sans toi. Nous passerons au retour pour un thé et te raconter nos exploits.

— Il n'en est pas question, tranche poliment Mulot.

—Je suis sur ce merveilleux fauteuil – merci, Lérot – depuis deux semaines. J'ai besoin d'activité. Je veux participer ! Je veux une scie ! Je me sens Caribou jusqu'au bout du pompon à paillettes ! expose Mulot.

—Tu n'es pas en état de bûcheronner, voyons ! Si tu veux nous accompagner, pourquoi pas, mais au violon plutôt.

— Je peux tout à fait donner un coup de patte en restant assis. Vous n'aurez qu'à me passer des tronçons de bois, et hop, je les scierai sur mes genoux, vous verrez !

— Ridicule. Dangereux. Impossible ! hoquette Taupe.

— Il y a peu, mon meilleur ami me disait justement que ce qui nous paraît impossible est ce que l'on n'ose pas tenter. Vite, une scie et une chemise à carreaux ! insiste Mulot.

— Je connais ton meilleur ami, ronchonne Taupe. Ton meilleur ami est le pape des calembredaines ! Ton meilleur ami ignore tout de l'art du bûcheronnage. D'ailleurs, ton meilleur ami n'est pas d'accord avec

ton meilleur ami et il te fait savoir que les clefs d'une vie réussie sont un savant mélange entre secondes d'audace et heures de prudence. Sur ce, ton meilleur ami prend ton violon.

— Eh bien, moi, je prends une scie. Je ne jouerai de rien d'autre !

— C'est pas compliqué, les Caribous ! harangue Musaraigne. Belette qui est frileuse et Lérot qui surchauffe pour ne pas tomber en hibernation souhaitent huit stères de bois chacune. On respecte et on va les leur donner, OK ?

— Oui ! répondent en chœur Taupe, Mulot, Lérot et Écureuil.

— Plus fort ! Quand j'entraînais l'Olympique des Rainettes, leur motivation fracassait tout ! Hérisson hiberne, il n'a besoin de rien. Les cinq autres membres de la communauté comptent sur quatre stères chacun, OK ! Et on va le leur donner aussi, OK ?

— Oui ! brament-ils tous avec plus d'ardeur.

— Plus fort ! D'après mes calculs, les deux arbres que j'ai marqués représentent plus de trente-cinq stères. C'est ce dont nous avons besoin ! Au boulot ! Je veux voir ces

rigolos à terre dans l'heure. Lérot, aide Mulot à faire des fagots de petit bois en attendant ! Écureuil avec moi. Taupe, tu tapes l'arbre sur lequel tu t'appuies. C'est parti. Les premiers à faire tomber leur arbre l'emportent. On joue physique. On donne tout. OK ?

— Ouiiiiiiii ! hurlent-ils tous.

— Un, deux, un, deux ! s'égosille Musaraigne pour marquer la cadence.

— Ma hache est mal aiguisée. Puisque vous utilisez le passe-partout, puis-je emprunter tes outils, Écureuil ? demande Taupe.

— Tu me laisserais mes béquilles, s'il te plaît, Taupe ? murmure Mulot.

— Quelles béquilles ?

— Outch ! geint Mulot en s’entaillant un doigt de la main droite.

— J’ai gagné, les amis. Attention à vous, timbeeeeeeeeer ! trompette Taupe.

—Ne reste plus qu'à en faire des allumettes, de celui-là, se flatte Taupe.

—Oh, regardez, des merles avaient établi leur nid dans un vieux chapeau de paille, c'est amusant, s'étonne Musaraigne.

—Outch ! geint Mulot en s'entaillant un doigt de la main gauche.

—À manier des outils coupants dans cette position incongrue, ce sont des fagots de doigts que tu vas nous faire, note Écureuil.

—Taupe l'avait prédit, bougonne Lérot. Tu ne veux pas plutôt nous jouer un air entraînant avec ton violon, ça nous réchauffera !

—Je ne jouerai de rien d'autre que de la scie aujourd'hui ! s'entête Mulot.

—Eh bien, joue de la scie alors ! Mais avec ton archet, tête de bois ! dit Taupe en le lui tendant.

—La belle idée ! approuve Écureuil.

— Arrêtons-nous là, les Caribous ! Bravo. Je suis très fière de vous. Nous avons abattu un travail de titan. Il y avait de l'engagement. Des beaux gestes. L'hiver première classe est assuré pour tous, les félicite Musaraigne.

— Merci, Mulot, tu as su nous redonner des forces quand nous commencions à fatiguer avec ta symphonie pour scie ! C'est rudement beau, la scie musicale. Tu devrais pratiquer plus, s'extasie Lérot.

— Oui. C'est amusant comme les objets ont plus d'un usage, s'émerveille Mulot.

— Tout comme les bonnes histoires ont plus d'un sens, ajoute Taupe. À propos, tu sais ce que je crois après cette journée ? Si pour s'élever l'audace n'est pas le pire des guides, la musique en reste le plus sublime !

taupe & mulot

Atteindre les sommets

Monter dans
les grands pins

Vertige à demeure !

Sol fa scie
la scie do

Les aventures de **taupe & mulot**

1

Les beaux jours

2

La tarte aux lombrics

3

Notre part de ciel

4

Bonnet blanc
et blanc bonnet

5

Apprendre à voler

6

Faire famille

7

Atteindre
les sommets

Loi n° 49 956 du 16 juillet 1949
sur les publications destinées à la jeunesse
helium-editions.fr
N° d'édition : JE 500
ISBN : 978-2-330-18255-7
Dépôt légal : second semestre 2023

Conception graphique : Katie Fechtmann
Imprimé par Graphius en Belgique en juillet 2023